MODÈLES D'ANALYSES

DE

PROCÈS-VERBAUX

POUVANT S'APPLIQUER

A TOUS LES CAS QUI SE RENCONTRENT

DANS LE SERVICE DE LA GENDARMERIE

7e ÉDITION

Revue, corrigée et augmentée.

CHARLES-LAVAUZELLE & Cie

Éditeurs militaires

PARIS, Boulevard Saint-Germain, 124

LIMOGES, 62, Avenue Baudin I 53, Rue Stanislas, NANCY

1923

MODÈLES D'ANALYSES

DE

PROCÈS-VERBAUX

MODÈLES D'ANALYSES

DE

PROCÈS-VERBAUX

POUVANT S'APPLIQUER

A TOUS LES CAS QUI SE RENCONTRENT

DANS LE SERVICE DE LA GENDARMERIE

7ᵉ ÉDITION
Revue, corrigée et augmentée.

CHARLES-LAVAUZELLE & Cᵗᵉ
Éditeurs militaires
PARIS, Boulevard Saint-Germain, 124
LIMOGES, 62, Avenue Baudin | 53, Rue Stanislas, NANCY

1923

MODÈLES D'ANALYSES

DE

PROCÈS-VERBAUX

POUVANT S'APPLIQUER

A TOUS LES CAS QUI SE RENCONTRENT

DANS LE

SERVICE DE LA GENDARMERIE

RÈGLE GÉNÉRALE

Écrire les noms propres en gros caractères et très lisiblement.

CHAPITRE PREMIER.

ARRESTATIONS.

Nota. — 1° Les procès-verbaux d'arrestation doivent être individuels. — 2° Ils mentionneront toujours que les individus arrêtés ont été minutieusement fouillés. — 3° Le signalement figurera toujours à la suite du procès-verbal. — 4° Pour les arrestations en vertu de mandats de justice, mentionner dans le corps du procès-verbal : le nom, la qualité et la demeure du juge mandant; la date des mandats et les faits, quand on pourra les connaître, dont les individus sont prévenus.

Toutes les fois que c'est possible, les P.-V. doivent mentionner les prénoms, le lieu de naissance, l'âge, le domicile et la profession des inculpés non arrêtés (Circ. du 12 août 1859). Y ajouter également, après les signatures, les renseignements pour l'application de la loi de recrutement lorsqu'il s'agit d'un crime ou d'un délit grave (classe à laquelle il appartient, commune dans laquelle il a été porté sur le tableau de recensement). (Circ. du Ministre de la justice en date du 31 mai 1883.)

L'état civil complet de l'individu arrêté est, de préférence, porté à la fin du procès-verbal avant le signalement.

Procès-verbal constatant :

1. L'arrestation en flagrant délit d'assassinat;

2. L'arrestation en flagrant délit de meurtre;

3. L'arrestation en flagrant délit de vol;

4. L'arrestation en flagrant délit d'escroquerie;

5. L'arrestation en flagrant délit comme perturbateur;

6. L'arrestation en flagrant délit comme embaucheur;

7. L'arrestation en flagrant délit d'incendie;

8. L'arrestation en flagrant délit de contrebande;

9. L'arrestation pour colportage d'écrits ou d'emblèmes séditieux, ou de fausses nouvelles;

10. L'arrestation pour vente d'écrits sans autorisation;

11. L'arrestation en vertu d'un mandat d'arrêt;

12. L'arrestation en vertu d'un mandat d'amener;

13. L'arrestation en vertu d'un mandat de dépôt;

14. L'arrestation en vertu d'un extrait de jugement;

15. L'arrestation pour rébellion ou outrages envers la gendarmerie;

16. L'arrestation pour port illégal d'uniforme ou de décorations;

17. L'arrestation pour mendicité, défaut de papiers et vagabondage;

18. L'arrestation comme porteur, détenteur ou distributeur d'armes ou de munitions de guerre;

19. L'arrestation pour avoir chassé masqué ou la nuit, etc., de MONGLADE (Lucien), 40 ans, serrurier, né à....., canton de..... (Isère);

20. L'arrestation comme évadé de la maison d'arrêt de..... (Drôme) de PASCANAT (Jules), 30 ans, menuisier, né à....., canton de..... (Ain), condamné à 5 ans de prison pour vol;

21. L'arrestation comme évadé du bagne de..... de JUD (André), 40 ans, tailleur d'habits, né à....., canton de .... (Haute-Vienne), condamné à 20 ans de travaux forcés pour vol;

22. L'arrestation comme évadé du dépôt de mendicité ou de l'asile des aliénés de..... de PETIT (Pierre), 30 ans, sans profession, né à....., canton de..... (Haute-Vienne);

23. L'arrestation comme évadé des mains de la gendarmerie de COSTE (Pierre), 25 ans, forgeron,

né à....., canton de..... (Gard), condamné à deux ans de prison pour vol;

24. L'arrestation en vertu d'un signalement n° 1;

25. L'arrestation comme déserteur;

26. L'arrestation pour absence illégale,

De TARDIEU (François), 23 ans, né à....., canton de..... (Cantal), soldat de 2e classe au 2e régiment d'infanterie ou marin du vaisseau l'*Océan*, déserteur ou absent depuis le....,. 189...;

27. L'arrestation comme insoumis de JOLIBOIS (Georges, ... ans, né à....., canton de..... (Haute-Garonne), de la classe 189...., désigné pour le 15e régiment de dragons ou réserviste de la classe 18..., ou territorial de la classe 18...., qui n'a pas répondu à l'appel pour une période d'instruction;

28. L'arrestation de J. X....., né à..... (Nord), âgé de....., se disant mécanicien, pour s'être fait servir à boire et à manger chez le sieur B....., aubergiste à..... (Pas-de-Calais), sachant qu'il était dans l'impossibilité absolue de payer.

CHAPITRE II.

CRIMES.

29: Un assassinat commis à....., canton de..... (Haute-Vienne), sur le nommé JOUANNEAU (Jean), 44 ans, boulanger à....., canton de..... (Haute-Vienne), par THOMAS (Auguste), 35 ans, journalier à....., canton de..... (Creuse). Ou auteur inconnu. Ou auteur soupçonné, le nommé.....;

30. Une attaque sur la voie publique commise contre le nommé BOULAN (Jacques), marchand de bestiaux à....., canton de..... (Seine-et-Oise), par GUY (Léon), 40 ans, charpentier à....., canton de..... (Lozère);

31. Un attentat à la pudeur commis sur GRIGNON (Jeanne), 19 ans, couturière à....., canton de..... (Aisne), par BEROT (Pierre), berger au même lieu.

32. L'émission de fausse monnaie à..... (Lozère) par un inconnu ou par APTS (Léon), 45 ans, fondeur à....., canton de..... (Cantal);

33. Un empoisonnement commis à..... (Yonne) par PERTON (Pierre), 27 ans, fermier audit lieu, sur BRUN (Marie), sa femme.

34. La fabrication de fausse monnaie à..... (Yonne) par un inconnu ou par APTS (Léon), 38 ans, mouleur à....., canton de..... (Aisne);

35. Un incendie par malveillance (1) au préjudice du sieur MULLER (Pierre), fermier à..... (Hérault). Auteur inconnu ou auteur soupçonné, GESTIN (Jean), 37 ans, voiturier à....., canton de..... (Gard). Pertes, 2.000 fr. environ. Assurance de 3.000 fr. ou sans assurance;

36. Un infanticide commis sur un enfant nouveau-né ou âgé de 6 mois, du sexe masculin, par sa mère, la fille ou la femme PIC (Adèle), 20 ans, domestique à....., canton de..... (Ariège);

37. Un meurtre commis à..... (Haute-Garonne) sur JOUANNEAU (Jean), 35 ans, boulanger à....., canton de..... (Haute-Garonne), par un inconnu ou par FELICIEN (Jules), 47 ans, serrurier à....., canton de..... (Gironde);

38. Une tentative d'assassinat;

39. Une tentative d'empoisonnement;

40. Une tentative de viol,

Commise à....., canton de..... (Nord), sur MERINDOL (Marie), 21 ans, couturière à....., canton de..... (Nord), par THOMAS (Auguste), 41 ans, maçon à....., canton de..... (Nord);

41. Un viol commis sur GRIGNON (Marie), 20 ans, couturière à....., canton de..... (Eure), par FABRE (Jean), 28 ans, menuisier à....., canton de..... (Eure);

42. Un vol (indiquer successivement les objets et leur valeur) commis à l'aide d'escalade et d'effraction au préjudice du sieur BAU (Antoine), propriétaire à....., canton de..... (Isère). Auteur soupçonné, BOMPART (Jean), 32 ans, domestique audit lieu, ou auteur inconnu;

43. Un avortement procuré à la nommée F. M....., âgée de....., demeurant à..... (Vosges), par X. P....., médecin à..... (Vosges);

44. Tentative d'avortement pratiquée sur elle-même par J. V....., âgée de....., demeurant à.....

---

(1) L'incendie *par malveillance* doit être démontré par les preuves les plus convaincantes. L'estimation des pertes n'est qu'approximative et reproduite en chiffres ronds.

(Vosges), avec les conseils de P. R....., sage-femme à....., âgée de.....;

45. Menaces de mort, sous conditions, par écrit anonyme ou signé, par P. J....., cultivateur, âgé de 40 ans, demeurant à..... (Eure), contre le sieur X....., cultivateur au même lieu.

CHAPITRE III.

DÉLITS.

Nota. — 1° Sauf pour les délits de chasse ou les délits très connus, il vaut mieux ne pas citer les articles de loi du Code pénal. — 2° Ne jamais omettre de signaler au bas du procès-verbal que l'original a été visé pour timbre et enregistré en débet, dans tous les cas où cette formalité doit être remplie (art. 296 du décret du 20 mai 1903). — 3° Reproduire les signatures des personnes qui, dans certains cas, peuvent avoir été appelées à signer avec les rédacteurs.

Voir la circulaire du 27 juillet 1907 au sujet de l'ivresse d'un inculpé au moment du délit ou celle du 19 octobre 1909 sur les renseignements à fournir au sujet de l'éducation reçue par les inculpés jusqu'à l'âge de 18 ans.

46. Un délit de chasse au fusil, sans permis, en temps non prohibé;

47. Un délit de chasse au fusil, en temps prohibé;

48. Un délit de chasse avec des engins prohibés;

49. Un délit forestier dans la forêt de Rochechouart;

50. Un délit de pêche en temps prohibé;

51. Un délit de pêche avec des engins prohibés,

Commis par DEVAU (Jules), 28 ans, plâtrier à....., canton de..... (Gironde);

52. Une escroquerie d'une somme de 200 francs commise au préjudice du sieur FOURNIER (Jean), propriétaire à....., canton de..... (Gironde), par CADET (Pierre), 21 ans, menuisier à....., canton de..... (Gironde);

53. Une falsification de pain, café, etc. (indiquer la denrée) par RIBOT (Georges), boulanger ou épicier à....., canton de..... (Loir-et-Cher), avec matières nuisibles à la santé (1);

54. Une mutilation d'arbres (perte, 50 francs), au préjudice du sieur LUCAS (Jean), propriétaire à.....,

---

(1) Les denrées sont saisies.

canton de...... (Haute-Vienne).. Auteur soupçonné, MATHIEU (Louis), 40 ans, journalier audit lieu;

55. Une rébellion ou des insultes proférées contre la gendarmerie par BRUET (Joseph), 40 ans, cultivateur à....., canton de...... (Yonne);

56. Une rixe survenue à....., canton de..... (Hérault), entre les nommés BERTRAND (Jules), maçon à....., canton de...... (Corrèze), et LECONTE (Jean), journalier à....., canton de..... (Hérault);

57. La saisie d'armes ou de munitions de guerre au domicile ou sur la personne de PERRIER (Louis), 40 ans, propriétaire à......, canton de...... (Gard);

58. La saisie d'engins de chasse prohibés (1) sur JANTON (Pierre), 50 ans, propriétaire à......, canton de..... (Gard);

59. La saisie d'un fusil de chasse abandonné (2) par un délinquant demeuré inconnu;

60. La saisie d'un jeu de hasard tenu par JUSTIN (Alexandre), 27 ans, journalier à....., canton de...... (Gard). (Récidive);

61. La saisie de lettres transportées en fraude par SIMON (François), voiturier à....., canton de..... (Aisne);

62. La saisie de marchandises prohibées ou transportées en fraude sur ou au domicile de RENOUARD (Jules), 33 ans, voiturier à..... (Eure);

63. La vente à faux poids ou fausses mesures de pain, vin, etc., par BRUN (Jean), boulanger ou boucher à....., canton de..... (Calvados) (3);

64. La vente, avec des poids ou mesures différents de ceux que la loi en vigueur a établis, de pain, vin, etc., par le sieur X....., boulanger à...... (Yonne) (I);

---

(1) Hors le flagrant délit, la gendarmerie n'a pas le droit de rechercher dans le domicile d'un citoyen des engins prohibés, à moins qu'elle n'y ait été autorisée par une ordonnance du juge d'instruction. (Arrêt de la cour de Rennes du 10 avril 1847.) — Un réquisitoire du procureur de la République ne suffirait pas pour autoriser les recherches à domicile. (Cour de Rouen, 31 janvier 1845.)

(2) Il est expressément défendu de désarmer un chasseur.

(3) Les poids et mesures faux ou non usités sont toujours saisis. Ces délits peuvent n'être que de simples contraventions quand il y a peu de gravité et la première fois.

65. Des voies de fait suivies de blessures exercées sur OGIER (Pierre), serrurier à..... (Eure), par PRO-PIN (Jean), maçon à....., canton de..... (Eure);

66. Un vol (indiquer les objets et leur valeur) commis au préjudice du sieur JAC (Jules), propriétaire à..... (Somme). Auteur inconnu ou auteur soupçonné, PHILIPPE (François), 19 ans, domestique audit lieu.

CHAPITRE IV.

CONTRAVENTIONS.

Nota. — 1° Pour toute espèce de contravention, on relatera, dans le corps du procès-verbal, les articles et la date de la loi, du décret, du règlement ou de l'arrêté en vertu desquels la contravention a lieu, et, lorsqu'il s'agira du Code pénal, on citera les articles seulement. — 2° Ne jamais omettre d'indiquer au bas du procès-verbal que l'original a été visé pour timbre et enregistré en débet (art. 297 du décret du 20 mai 1903). — 3° Toutes les fois qu'une contravention a lieu chez un particulier, qu'il soit ou non présent, il est responsable, s'il est le chef de la maison; c'est donc à son nom que le procès-verbal est dressé, et non à celui de sa femme, de son enfant, de son domestique ou autre. (Ex. : Retard à la fermeture des cafés.) — Lorsque la contravention a lieu hors de la maison, le procès-verbal est dressé au nom du contrevenant même, et il suffit de citer le nom du patron ou du père dans le corps du procès-verbal. (Ex. : Domestique monté et endormi sur la charrette qu'il conduit.)

67. Une contravention au Code de la route (décret du 31 décembre 1922) pour longueur d'essieu au-dessus de $2^m,50$;

68. Une contravention au Code de la route pour saillie des moyeux au-dessus de 12 à 14 centimètres;

63. Une contravention au décret du 31 décembre 1922 pour défaut d'éclairage de véhicule hippomobile;

70. Une contravention au décret du 31 décembre 1922 pour défaut de feu rouge à l'arrière d'une voiture automobile;

71. Une contravention au décret du 31 décembre 1922 pour excès de vitesse dans une agglomération;

72. Une contravention au décret du 31 décembre 1922 pour emploi de la sirène dans une agglomération;

73. Une contravention au décret du 31 décembre 1922 pour défaut de plaques de contrôle;

74. Une contravention au décret du 31 décembre 1922 pour défaut de certificat de capacité ou de récépissé de déclaration;

75. Une contravention au Code de la route pour défaut de plaque de contrôle de l'année (bicyclette);

76. Une contravention au Code de la route pour ne pas s'être rangé à sa droite et n'avoir pas laissé libre au moins la moitié de la chaussée;

77. Une contravention du Code de la route pour stationnement sans nécessité (1) sur la voie publique d'une voiture attelée ou non attelée;

78. Une contravention au Code de la route pour chargement ayant plus de $2^m,50$ de largeur;

79. Une contravention au Code de la route pour abandon d'attelage sur la voie publique;

80. Une contravention à la police du roulage pour défaut de distance entre chaque convoi;

81. Une contravention à la police du roulage pour défaut de guides ou monté et endormi sur sa voiture;

82. Une contravention au Code de la route pour pacage sur la voie publique;

83. Une contravention au Code de la route pour défaut de plaque, ou plaque fausse, ou plaque illisible;

84. Une contravention de simple police (défaut de patente);

85. Une contravention de simple police (défaut de récépissé de déclaration d'ambulant);

86. Une contravention de simple police (infraction à un arrêté préfectoral ou municipal);

Commise par le nommé MICHEL (Pierre), domestique à....., canton de..... (Eure).

87. Une contravention de simple police (chien errant ou sans collier ou pour n'avoir pas retenu son chien);

88. Une contravention de simple police (retard à la fermeture des lieux publics);

89. Une contravention de simple police (défaut de registre, ou défaut d'inscription de voyageurs, ou refus de montrer ce registre);

---

(1) L'interdiction n'est pas absolue et le règlement doit être appliqué avec intelligence et modération.

90. Une contravention de simple police (cheval abandonné, ou divagation d'animaux, ou fous furieux);

91. Une contravention de simple police (voiture abandonnée dans une rue);

92. Une contravention de simple police (dépôt de matériaux);

93. Une contravention de simple police (infraction à la police sanitaire des animaux);

94. Une contravention de simple police (animaux morts ou enfouis);

95. Une contravention de simple police (matériaux ou tranchée sans éclairage);

96. Une contravention de simple police (feu de cheminée);

97. Une contravention de simple police (mauvais traitements envers les animaux) (1);

98. Une contravention de simple police (bruit et tapage nocturne);

99. Une contravention de simple police (jet d'immondices ou corps durs sur des personnes);

100. Contravention pour avoir omis d'écheniller malgré l'arrêté, etc., etc.;

101. Contravention pour refus d'acceptation de monnaies nationales;

102. Contravention pour tenue de jeu de hasard ou loterie dans les rues, chemins, sur les places publiques, etc. (1re fois) (2);

103. Contravention pour exposition et mise en vente de comestibles gâtés ou corrompus ou nuisibles (3),

Commise par ANDRÉ (Jules), cafetier et aubergiste à....., canton de..... (Creuse).

104. Une contravention à l'article 471 du Code pénal.

105. Une contravention de grande voirie (dégradations de routes, de fossés bordant la route, etc.) commise par LOGAT (Jean), voiturier à..... (Doubs).

---

(1) Ne jamais omettre dans le corps du procès-verbal s'il y a récidive.
(2) Saisir les instruments, enjeux, etc.
(3) Détruire ces comestibles.

106. Une contravention pour ivresse manifeste et publique (1) commise par ROGER (Pierre), 28 ans, portefaix à..... (Yonne).

107. Une contravention pour refus de secours, d'engins, etc., en cas d'incendie et d'inondation ou autres sinistres ou événements, par X....., propriétaire à..... (Yonne).

CHAPITRE V.

FAITS DIVERS.

Nota. — Sans avoir la qualité d'officier de police judiciaire en matière civile, les chefs de brigade sont souvent appelés, néanmoins, à recevoir des déclarations, ainsi que les gendarmes. Dans ce cas, il faut éviter de rédiger les procès-verbaux à la première personne, et se couvrir, autant que possible, en faisant signer volontairement les plaignants ou les témoins, ce qui supprime plus tard bien des ennuis pour la gendarmerie, si les signataires se contredisent eux-mêmes devant les tribunaux.

Les chefs de brigade ne sont pas tenus de reproduire, en tête des procès-verbaux, les instructions données par les magistrats, et ils doivent conserver dans leurs archives les demandes de renseignements émanées des parquets, au lieu de les renvoyer avec leurs réponses (Instructions sur les inspections techniques de la gendarmerie).

Les militaires de la gendarmerie ne doivent pas satisfaire aux demandes de renseignements qui leur sont adressées par les commandants des bureaux de recrutement touchant l'instruction, l'écriture, la profession, l'aptitude physique, le signalement, etc., des jeunes soldats. Ces renseignements doivent, suivant le cas, être fournis par les maires, instituteurs, sous-préfets, etc. (Circulaire du 8 octobre 1904.)

Les procès-verbaux soumis au visa pour timbre doivent être établis sur un papier correspondant à la dimension de la demi-feuille et, si l'acte comporte plus de développement, à celle de la feuille entière, de manière à réduire au minimum les frais de timbre mis à la charge des condamnés en matière correctionnelle et de police. (Circulaire du 26 décembre 1904.)

Les dimensions sont : 250/176, avec marge de 0^m,04. (Circulaire du 21 janvier 1905.)

108. Un incendie, dont la cause est inconnue, mais auquel la malveillance paraît être étrangère;

109. Commencement d'incendie accidentel,

Au préjudice du sieur GAVOT (Jean), propriétaire à..... (Creuse). Pertes, 4.000 francs environ. Assuré pour 3.000 francs ou non assuré.

---

(1) La première expédition est toujours adressée au procureur de la République.

110. Une blessure accidentelle ou des blessures accidentelles causées par GRAND (Georges), cultivateur à....., canton de..... (Haute-Savoie), à MAURIN (Marie), journalière audit lieu.

111. Une mort accidentelle de JUDE (René), 21 ans, cultivateur à..... (Cantal), tombé sous les roues de sa voiture ou noyé dans la rivière de.....

112. Un suicide par immersion;

113. Un suicide par asphyxie;

114. Un suicide par strangulation;

115. Un suicide à l'aide d'une arme à feu;

116. Un suicide à l'aide d'un instrument tranchant;

117. Un suicide sous les roues d'un train en marche, etc.,

De LOCHON (Jean), 50 ans, banquier à..... (Dordogne), ou d'un individu dont l'identité n'a pu être reconnue.

118. Les recherches infructueuses en vertu d'un signalement n° 1 de PARIS (Jean), déserteur du 19ᵉ de ligne ou insoumis de la classe 1880.

119. Les recherches infructueuses. en vertu d'un état signalétique du nommé PARIS (Jean), soldat de 2ᵉ classe au 19ᵉ de ligne, manquant aux appels du.....

120. Les recherches infructueuses en vertu d'un mandat d'amener;

121. Les recherches infructueuses en vertu d'un extrait de jugement;

122. Les recherches infructueuses en vertu d'un extrait de jugement,

De HARGOIN (Georges), cultivateur à..... (Calvados).

123. De nouveaux renseignements sur un vol commis au préjudice du sieur BONNET (Jean), propriétaire à..... (Orne). Auteur inconnu ou auteur soupçonné, X....., etc., etc.

124. Une perquisition infructueuse (service des postes) faite dans la voiture et sur la personne de DEJASE (Louis), conducteur de la voiture de Limoges à Bellac (Haute-Vienne).

125. Des renseignements sur la position de fortune et de famille de GUY (Alexandre), soldat au 1ᵉʳ dragons, qui demande l'allocation comme soutien de famille.

126. Déclaration d'une plainte portée à la gendarmerie par CHABAS (Jean), cultivateur à....., canton de..... (Eure), contre FERT (Pierre), maquignon à....., canton de..... (Orne).

127. Déclaration d'une plainte en adultère portée à la gendarmerie par la dame X....., ménagère à..... (Haute-Garonne), contre son mari, négociant au même lieu, et Y....., âgée de....., sans profession, demeurant à..... (Haute-Garonne). (Ou inversement, pour la plainte d'un mari contre sa femme.)

CHAPITRE VI.

PRÉVÔTÉS.

128. Un délit de chasse en temps prohibé commis par ANDRÉ (Charles), soldat de 2e classe au 20e chasseurs à cheval.

129. La mise en vente d'un quartier de porc ladre et avarié par THOMAS (Jules), âgé de 55 ans, cantinier au 102e d'infanterie.

130. Un vol de bouteilles de vin dans une ferme par des militaires (auteurs inconnus).

131. L'arrestation en flagrant délit d'espionnage de SCHWARTZ (Auguste), âgé de 33 ans, sans profession, se disant domicilié à Bruxelles.

132. Infraction à un arrêté du général commandant (ouverture de café après l'heure prescrite).

133. L'arrestation du canonnier B..... pour absence illégale de son corps.

134. La saisie d'un broc de lait falsifié ou altéré, mis en vente par le nommé....., âgé de 40 ans, épicier à.....

135. La saisie d'une série de poids faux, non vérifiés et non poinçonnés, appartenant au sieur....., qui en fait habituellement usage dans son commerce.

136. L'arrestation du soldat V.... pour outrages à la gendarmerie.

137. Des recherches infructueuses, en vertu d'une commission rogatoire, de divers objets soustraits frauduleusement au sieur....., âgé de 27 ans, boulanger à Vervins (Meuse).

Librairie militaire CHARLES-LAVAUZELLE & Cⁱᵉ

PARIS, LIMOGES, NANCY

Décret annoté du 20 mai 1903 portant règlement sur l'organisation et le service de la gendarmerie (édition mise à jour au 1ᵉʳ novembre 1922. -- Volume in-8° de 612 pages, relié toile...................... ... 10 »

Carnet-guide du gendarme, questionnaire par demandes et réponses. -- Volume in-32 de 230 pages, cartonné............................... 3 »

Règlement du 4 décembre 1913 sur les exercices de la gendarmerie à cheval. — Volume in-32 de 183 pages, avec figures.............. 3 »

Règlement du 4 décembre 1913 sur les exercices de la gendarmerie à pied. — Volume in-32 de 83 pages, avec figures.................. 2 25

Règlement du 3 janvier 1903 sur la solde et les revues de la gendarmerie. — Texte. (A jour au 1ᵉʳ décembre 1920.) — Volume in-8° de 260 pages, cartonné.. 5 »

Modèles. (A jour au 15 mars 1915.) — Volume in-8° de 146 p., cart. 2 25

Règlement du 5 décembre 1902 sur l'administration et la comptabilité des corps de la gendarmerie. — Texte. (A jour au 1ᵉʳ décembre 1919.) — Volume in-8° de 192 pages, cartonné.............. 4 50

Modèles. (A jour au 15 mars 1915.) — Volume in-8° de 352 p., cart. 4 15

Tarifs de la solde, des masses, indemnités, gratifications, primes, parts d'amendes et abonnements de la gendarmerie (4ᵉ édition). — Brochure in-8° de 110 pages............................. 1 85

Instruction sur le service de la gendarmerie aux armées (à jour au 15 novembre 1920). — Vol. in-8° de 208 pages................. 3 40

Instruction provisoire du 6 mai 1892 sur la carabine de gendarmerie modèle 1890. (Nomenclature, démontage, remontage, entretien, maniement et emploi.) (8ᵉ édition.) — Volume in-32 de 126 pages.............. » 75

Code de justice militaire pour l'armée de terre, annexes, formules et modèles. (Edition mise à jour des textes en vigueur jusqu'au 6 mars 1922.) — Volume in-8° de 264 pages, cartonné.................... 4 50

Nouveaux Codes français et lois usuelles civiles et militaires. Recueil spécialement destiné à la gendarmerie et à l'armée. — Volume in-12 de 1.336 pages, relié pleine toile gaufrée. (25ᵉ édition 1922)...... 12 »

Guide formulaire de la gendarmerie dans l'exercice de ses fonctions de police judiciaire, civile et militaire, contenant plus de 400 formules de procès-verbaux appropriés à toutes les circonstances et répondant à tous les besoins, par Étienne Meynieux, docteur en droit, procureur général près la cour d'appel d'Agen. (17ᵉ édition.) — In-8° de 608 pages, relié toile gaufrée................................ 10 »

Dictionnaire des connaissances générales utiles à la gendarmerie par le général Amade, ancien inspecteur général de la gendarmerie, et le colonel E. Corsin. (19ᵉ édition, revue, corrigée et complètement mise à jour par un comité de jurisconsultes.) — In-8° de 894 p., relié toile.. 12 »

Emplois civils et militaires réservés aux engagés et rengagés de l'armée. — Volume arrêté à la date du 17 avril 1922, suivi de la préparation des examens, traitement, avancement, attribution des titulaires, etc., etc. — In-8° de 412 pages.................................... 7 50

Manuel pratique à l'usage des militaires de tous grades de la gendarmerie, par le capitaine Lamotte. (8ᵉ édition.) — In-18 de 792 pages..... 7 50

Manuel des théories à l'usage de la gendarmerie, par un officier supérieur de l'arme (34ᵉ édition, à jour jusqu'au 20 juillet 1914). 302 pag. 4 50

Ministère de la guerre. — **Manuel d'exercices physiques spéciaux** à l'usage de la gendarmerie. — Vol. in-8° de 70 p., avec 48 figures. 3 »